Det Universelle Moderskabs Kraft skal vågne i alle mennesker

Sri Mata Amritanandamayi

Det Universelle Moderskabs Kraft skal vågne i alle mennesker

En tale holdt af
Sri Mata Amritanandamayi

under

Det globale fredsinitiativ ved kvindelige ledere inden for religion og spiritualitet

Palais des Nations, Genève, Schweiz
7 oktober 2002

Mata Amritanandamayi Center, San Ramon
Californien, Forenede Stater

Det Universelle Moderskabs Kraft skal vågne i alle mennesker

Udgivet af:

Mata Amritanandamayi Center
P.O. Box 613
San Ramon, CA 94583
Forenede Stater

—— *The Awakening of Universal Motherhood (Danish)* ——

Første udgave af Mata Amritanandamayi Center: april 2016

Danmark:

www.amma-danmark.dk
ammainfo@amma-danmark.dk

India:

inform@amritapuri.org
www.amritapuri.org

Indholdsfortegnelse

Bøn

ॐ

असतो मा सद्गमय

तमसो मा ज्योतिर्गमय

मृत्योर्मा अमृतं गमय

ॐ शान्तिः शान्तिः शान्तिः

Om
asato mā sadgamaya
tamaso mā jyotirgamaya
mṛtyormā amṛtaṁ gamaya
Om śāntiḥ śāntiḥ śāntiḥ

Om
Led os fra usandhed til sandhed
Fra mørke til lys
Fra død til udødelighed.
Om, fred, fred, fred.

Med fredens lys

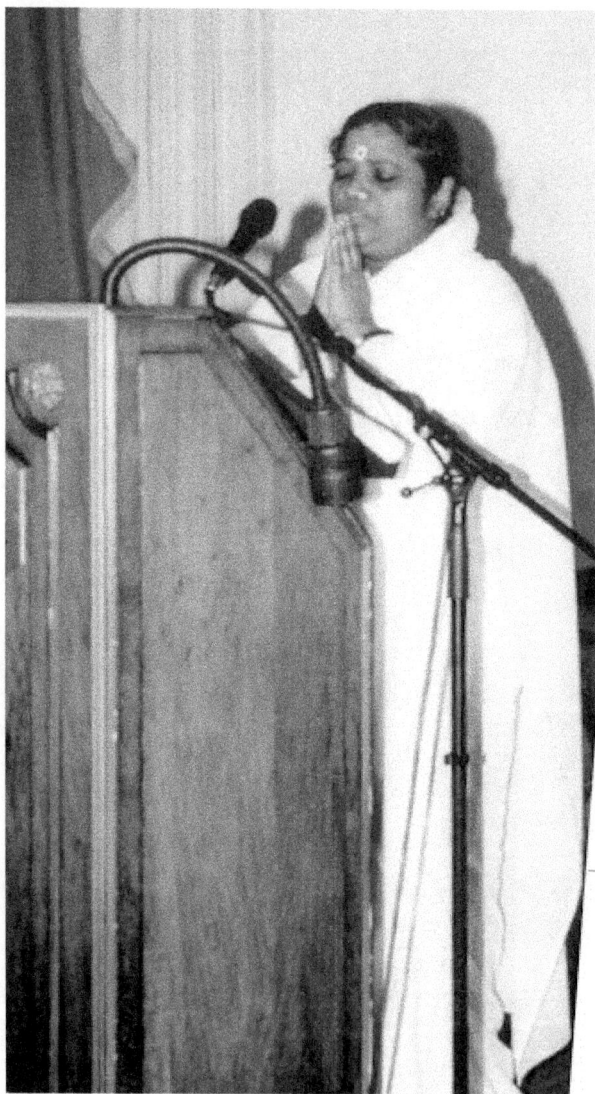

Forord

Moderskabets Kraft

ved

Swami Amritaswarupananda Puri

D a verdens nationer, i chok over den Første Verdenskrigs blodsudgydelser og kamp, tog hinanden i hånden, opstod der et fredens tempel, "Folkeforbundet." Dets hovedsæde lå i Genève, i Schweiz. I en tid, hvor nationerne kappedes om at vise hvem der var stærkest, var Folkeforbundet et lys, som viste de herskende klasser og almindelige mennesker vejen til fred – det var dets mål.

Selvom den Anden Verdenskrig gjorde det af med Folkeforbundet, fandt nationerne sammen igen. Og det førte til oprettelsen af De Forenede Nationer.

Fra den 6. — 9. oktober 2002 kom der atter et internationalt møde i stand i Genève: Et møde for verdens ledende kvinder inden for religion og spiritualitet, fra alle dele af verden og alle religioner, organiseret af "Det globale fredsinitiativ ved kvindelige ledere fra religion og spiritualitet".

Denne konference var på initiativ af "Fredstopmødet ved indgangen til det ny årtusind", som var blevet afholdt to år før i de Forenede Nationer i New York. Repræsentanter fra ca. 125 nationer deltog i mødet i Genevé

Den 6. oktober var der to hoved-møder: Den første blev afholdt i Hotel Beau-Rivage, i hjertet af Genève. Kvinderne forsamledes som et fælles samfund hinsides grænser for religion, kultur, race og sprog. Forenede i deres fælles oprigtige længsel efter global fred, bad og mediterede de sammen. Det første skridt på vejen til fred.

Omkring kl. 3 om eftermiddagen, ankom Amma til indgangen i Hotel Beau-Rivage. Amma blev modtaget i foyeren af lederen af det Globale Fredsinitiativ, Ms. Dena Merriam og generalsekretæren for "Topmødet for Verdensfreden ved Årtusindskiftet", Bawa Jain. De ledsagede Amma for at præsentere hende for repræsentanter for Ruder Finn Group (arrangørerne af mødet) og et amerikansk dokumentarfilmsselskab, One Voice International, som omgående bad om at få et interview med hende.

"Hvor er vejen til fred, hvis en sådan overhovedet findes"? Dette spørgsmål kom fra Ruder Finn gruppen.

Amma smilede og sagde så: "Det er meget enkelt. Forandringen skal først komme indefra. Så vil verden også automatisk forandre sig og freden vil sejre."

Spørgsmål: "Hvilken slags forandring?"

Amma: "Forandringer der skyldes at man tilegner sig spirituelle principper."

One Voice International spurgte så Amma: "Hvad skal der til for at forandre mentaliteten hos mænd og i samfundet, som anser kvinder for mindreværdige?"

"En kvinde bør være fast forankret i sin moderlighed, som er hendes egentlige natur." Ammas svar var så naturligt for hende.

Spørgsmål: "Siger Amma i virkeligheden, at kvinder ikke skal gøre sig gældende på andre områder i samfundet?"

Amma: "Nej, Amma siger, at kvinden bør gøre sig gældende indenfor alle områder af samfundet. Men hvad hun end gør, så bør hun have en fast tro på moderskabets kraft. Enhver handling - indenfor et hvilket som helst område

- der mangler denne kraft, vil svække kvinderne og ikke hjælpe dem frem"

Amma foregreb i virkeligheden den tale hun holdt dagen efter i Palais des Nations. Her forklarede hun, at "Moderskab er en egenskab som mænd og kvinder kan, og sandelig bør, udvikle.

Det vågne moderskabs kærlighed er en kærlighed og medfølelse, som man føler ikke blot for ens egne børn, men mod alle mennesker, dyr og planter, sten og floder. En kærlighed som omfatter hele naturen, alle skabninger. For en kvinde, i hvem dette stadium af sandt moderskab er vågnet, er alle væsener hendes børn. Denne kærlighed, dette moderskab er Guddommelig Kærlighed – og det er Gud.

Interviewet fortsatte:

Spørgsmål: "Hvad er Ammas mening om mænds holdning til kvinder i al almindelighed?"

Amma: "De er også Ammas børn. Men selv nu har de svært ved at integrere den respekt og anerkendelse, som de viser udadtil overfor kone, mor, og søster. I almindelighed tror de mere på muskelkraft."

Mødet for Global Fred blev afholdt mindre end et år efter den forfærdende terroraktion den 11. September. Så det var helt naturligt, at den første del - den første eftermiddag - mindede os om de forfærdelige tider. Debra Olsen fra One Voice International præsenterede Amma for en kvindelig brandmand. Debra Olsen sagde: "Det er Jennifer. Hun er kommet fra New York. Hun var til stede i World Trade Center den dag terrorangrebet kom, for at hjælpe med at slukke ilden. Hun er stadig ikke kommet sig af chokket over den katastrofe. Vi beder Amma om at velsigne hende."

Måske tænkte Amma på de tusindvis af hjælpeløse og uskyldige mennesker, som brændte ihjel den dag, for hendes ansigt og øjne udstrålede tydelig sorg. Da Amma gav Jennifer et kærligt knus og tørrede hendes tårer bort, var der også tårer i Ammas øjne. Ligesom hos alle dem, der var vidner til denne bevægende scene.

Jennifer havde taget noget mærkeligt med fra ruinerne af World Trade Center, nu kaldet "Ground Zero." Det var en cementbrok og en nøgle, som var smeltet i helvedet fra den alt-ødelæggende brand. Idet hun viste dem til Amma, sagde hun: "Jeg er ikke helt sikker på hvorfor jeg tog dem med, men jeg følte jeg skulle tage smerten med mig. Det var mit håb at jeg, når jeg rejste hjem igen med disse ting, ville føle mig anderledes indeni. Jeg er kommet her med så meget vrede, og jeg håber på at få fred i hjertet." Og derefter rakte hun disse forfærdelige minder til Amma. Amma tog ærbødigt imod dem, løftede dem op mod ansigtet og kyssede dem så.

Debra Olsen spurgte så Amma: "Jennifer tror ikke på nogen Gud eller nogen anden religion. Men hun føler kærlighed og medfølelse med de lidende. Har hun brug for at bede til nogen Gud?" spurgte Debra Olsen Amma.

"Gud er kærlighed og medfølelse med de lidende. Når man har sådan et hjerte, er der ikke nødvendigvis brug for at bede til Gud." svarede Amma.

Der blev stillet mange andre spørgsmål. Smukke, enkle svar flød fra Amma.

Da interviewet med Jennifer var ovre, kom den berømte Hollywood skuespillerinde Linda Evans for at møde Amma. Hun var så henrykt over at møde Amma: "Jeg har hørt så meget om Dig. Det er først nu at jeg har haft mulighed for at træffe Dig. Hvilken velsignelse!" sagde Ms. Evans.

Efter at have stået og betragtet Amma i nogen tid, spurgte hun så: "Hvad er formålet med det Guddommelige Moderskab?"

Amma: "Det er en holdning i sindet, en hjertets rummelighed."

Linda: "Hvordan får man det?"

Amma: "Denne kraft er ikke forskellig fra os, og det er heller ikke noget der skal ledes efter uden for os selv. Den kraft er i dig. Når det går op for dig, vil universelt moderskab spontant vågne i dig."

Straks efter blev Amma ledsaget til et andet værelse, hvor hun mødte den verdensberømte primatolog Dr. Jane Goodall - sidste års modtager af Gandhi King Prisen - som skulle overrække Amma prisen den næste morgen. Der var en helt spontan og dyb kontakt mellem de to kvinder. Det var som om Dr. Goodall ikke kunne få nok, uanset hvor mange knus hun fik af Amma. Hun sagde: "Du er så utrolig sød, det er umuligt at udtrykke i ord." Efter en pause tilføjede hun: "Og helt uden lige."

Dr. Goodall som har tilbragt 20 år i afrikanske jungler med dyr, for at studere og forstå dyrs adfærd, især hos chimpanser, spurgte Amma:

"Hvad er Din mening om dyr? Kan de forstå et menneskes hjerte og reagere på det?"

Amma: "Dyr kan helt sikkert forstå et menneskes hjerte og handle derefter, måske endda bedre end mennesker selv. Amma har personligt oplevet det."

Amma fortalte så Dr. Goodall om nogle af sine egne oplevelser igennem de år, som hun har tilbragt med naturen og dyr. Amma fortalte om hunden, der kom med mad til hende, om ørnen, som smed en rå fisk ned i skødet til hende, om koen, som dukkede op fra kostalden og stillede sig foran hende, for at hun kunne drikke direkte fra dens yver, om papegøjen, der græd når hun sang bhajans (lovsange.Overs.). Og så var der duerne, der dansede foran hende når hun sang.

Efter samtalen med Dr. Goodall mødte Amma de andre mennesker i værelset: Bawa Jain, Dena Merriam, princessen fra Cambodia, Ratna Devi Noordam og næstformanden for Det Globale Fredsinitiativ, den kristne præst Joan Campbell.

Nu var tiden kommet til at gå ind i hotellets store sal og deltage i fællesbønnen. Amma ledte bønnen for verdensfreden, og reciterede tre gange: *Lokah samastah sukhino bhavantu (Må alle væsener i alle verdener være lykkelige)*.

Alle gentog mantraet efter Amma. Før bølgerne fra fredsmantraet var døet hen, begyndte Amma "Ma-Aom"– meditationen, hvor hun guidede og støttede Ma-Aom meditationen for de delegerede. Da hun afsluttede bønnen med Sri Shankaracharyas *Nirvanashtakam*, kunne de forskellige delegater fra de mange lande føle den velsignende, pulserende kraft og fred i sig.

Den anden hovedbegivenhed var forsamlingen af alle konferencedeltagerne i The English Garden Lake Park. Da Amma ankom blev hun præsenteret og trådte op på podiet.

I sit fredsbudskab sagde hun: "Alle har behov for fred. Men de fleste vil herske, ingen vil tjene. Hvordan kan der så blive fred? Vil det så ikke føre til krig og konflikt? Den sande tjener er den sande konge. Er mælken ikke hvid både fra den sorte ko, den hvide ko og den brune ko? Sådan er det også med et menneskes essens. Alle menneskers essens er den samme. Fred og lykke er det samme for alle. Derfor burde alle der søger fred og lykke, arbejde sammen. Da Amma og alle de andre delegerede havde afsluttet deres taler, reciterede de alle i fællesskab: "Vi vil aldeles ikke have krig, vi vil ikke have forbrydelser, vi ønsker kun fred." Som et symbol på fredens lys som fjerner krig og konflikt, tændte de delegerede kærter og holdt dem i vejret. De forsamlede mennesker dannede derpå en formation der skrev: "P E A C E"(fred).

Så mange mennesker ønskede at være tæt på Amma, at fotograferne fra fra et tag i nærheden til sidst besluttede, at tilføje et udråbstegn efter ordet "fred", da Amma, og de mennesker der stod omkring hende, udgjorde et naturligt udråbstegn.

Den næste dag, den 7. oktober, skulle Fredsinitiativets hoved-møde finde sted. Da Amma kom til mødesalen kl. 9.00 om morgenen, stod Bawa Jain og Dena Merriam parat til, at modtage Amma. Salen var stuvende fuld af spirituelle lærere og ledere, der repræsenterede forskellige religioner.

Den ene efter den anden talte om kvindefrigørelse og de sociale problemer kvinder står overfor. De dybere liggende begrænsninger, som er en fast bestandel af kvinders liv, og forslag til løsninger og råd, blev formuleret og analyseret med prisværdig saglighed. Helt uden unødven-

dig kritik eller under-strømme af egoisme, som
så ofte kendetegner sådanne begivenheder.

At en kvinde og kvindens moderskab ikke er
to forskellige ting, men er ét, blev bevist gennem
den rene, klare atmosfære, som kendetegnede
mødet. Organisatorernes ydmyghed, og den
præcision hvormed dagens programmer løb af
stabelen var ligeledes bemærkelsesværdig.

Klokken 11.00 talte erfarne kvindelige le-
dere inden for religion og spiritualitet, fra Filip-
pinerne, Thailand, Israel, Kina, Afghanistan
og Rwanda om "Kvinder og deres bidrag til
verdensfreden." Derefter gav Susan Deihim fra
Iran udtryk for den globale tørst efter fred ved
at synge en sang.

Kl. 11.20 gik Dena Merriam på talerstolen.
Smilende så hun ud over tilhørerne og sagde:
"Nu kommer den vigtigste ceremoni ved denne
konference: Overrækkelsen af dette års Gandhi-
King-pris for ikke-vold. Jeg beder ærbødigt Sri
Mata Amritanandamayi Devi om at komme op
på scenen, for at modtage prisen.

Da Amma gik hen mod scenen var det med
en karakteristisk ydmyg og enkel indisk gestus,
idet hun holdt sine hænder med håndfladerne
mod hinanden foran brystet - en gestus der ud-

trykker respekt og ærbødighed for det guddom-
melige i alle – og alle delegerede og spirituelle
ledere, der var forsamlet i FNs Mødesal rejste
sig op og klappede så det bragede.

FNs Højkommissær for Menneskerettigheder,
Hans Højhed Sergio Vieira de Mello, hilste på
Amma og førte hende op på scenen, hvor Bawa
Jain præsenterede ham for Amma. På sin sæd-
vanlige måde omfavnede Amma ham og kyssede
kærligt hans hånd. Komissæren Sergio Vieira de
Mello gjorde gengæld ved at kysse begge Ammas
hænder kærligt.

Så talte Bawa Jain i et par minutter og omtalte
de tidligere modtagere af Gandhi-King-prisen:
Kofi Annan (i 1999), Nelson Mandela (i 2000)
og Jane Goodall (i 2001). Derpå opfordrede
han Jane Goodall til, at præsentere Amma for
forsamlingen og overrække hende prisen.

Dr Godall talte fra sit hjerte:

> "Det er en stor ære at stå på denne
> talerstol sammen med en kvinde, som
> er så usædvanlig og som simpelthen
> repræsenterer godheden selv. Hun har
> haft et usædvanligt liv. Hun har trodset
> traditionen lige fra begyndelsen. Født
> i en fattig familie med en hud der var

mørkere end hendes brødres og søstres, blev hun ikke behandlet godt i sin familie. Hun blev behandlet som et tyende. Men hun begyndte at føle Guds tilstedeværelse i sig, og det tilmed så kraftigt, at hun ville nå ud til andre mennesker og dele sit hav af godhed med dem, som var mindre heldige end hun. Og atter trodsede hun traditionen og begyndte at omfavne dem som trængte til trøst - på et tidspunkt, hvor kvinder ikke måtte røre ved fremmede. Og hun har med sin vidunderlige omfavnelse, som jeg oplevede i går, trøstet mere end 21 millioner mennesker, tænk engang! — 21 millioner mennesker! Men mere end det. Hun har oprettet et stort netværk af velgørende organisationer, med skoler, hospitaler, børnehjem og huse til de fattige - for mange velgørenhedsprojekter til at nævne her. Og endelig trodsede hun endnu engang traditionen og var den første religiøse leder, der indsatte kvinder som præster i traditionelle templer. Hun tror på, at Gud ikke diskriminerer mellem kønnene, og jeg tror

på, som hun står her foran os, at hun er
Guds kærlighed i en menneskekrop."

Dr. Goodall sluttede sin tale under et bifald
som ingen ende ville tage. Derefter kom over-
rækkelsesceremonien. Da Dr. Goodall overrakte
Amma Gandhi-King-prisen for 2002, strømmede
der et mægtigt brus af følelser igennem FNs
Mødesal, et mægtigt brus af begejstring som blev
udløst i et langt, stående bifald,.

Da bifaldet var ved at dø hen, opfordrede
Bhava Jain så Amma til at tale om emnet: "Mo-
derskabets kraft."

Amma åbnede sin tale med at udtrykke sin
anerkendelse af Mahatma Gandhi og Dr. Martin
Luther King. Amma sagde, at det var fordi de
havde styrke fra folkelig opbakning og var af en
hjertets renhed, at de var i stand til at opnå så
store resultater. Amma tilføjede, at prisen blev
givet til dem der kæmper for fred og lykke i
verden, og at hun tog imod den på deres vegne.
Amma bad også for dem der arbejder for ver-
densfreden, at de må blive velsignet med mere
styrke og mod.

Amma mindede de tilstedeværende om at:

22

"Mahatma Gandhi og præsten Martin Luther King drømte om en verden, i hvilken mennesker bliver anerkendt og elsket som mennesker, uden fordomme af nogen art. Til minde om dem, stiller Amma også en vision om fremtiden op for jer: Det er en vision om en verden, hvor mænd og kvinder går fremad sammen, en verden i hvilken alle mennesker respekterer den kendsgerning, at mænd og kvinder er ligeværdige, som en fugls to vinger. For kun med de to i fuldkommen harmoni kan menneskeheden gøre fremskridt."

Med disse ord begyndte Amma på sin hovedtale:

"Kvinder og mænd er lige i Ammas øjne. Amma ønsker ærligt at give udtryk for sine synspunkter om dette emne. Disse iagttagelser gælder ikke nødvendigvis alle, men de gælder så sandelig det store flertal. Kvinder skal vågne op og gøre sig gældende! I øjeblikket sover de fleste kvinder. At vække den slumrende kraft i kvinder er et af de mest påtrængende behov i vor tidsalder."

De næste 20 minutter strømmede dybe sandheder fra Amma: Om den indre og ydre kvindenatur, om kvindesindets dybde og spænd-vidde, dets selvpålagte begrænsninger, om må-derne hvorpå kulturelle faktorer og holdninger har holdt kvinder nede, den uendelige kraft i kvinder....Som Amma behandlede disse emner med overbevisende klarhed og indsigt, lyttede forsamlingen i meditativ og opmærksom stilhed. I disse øjeblikke mærkede man tydeligt kraften i Ammas ord og det universelle moderskabs nærvær.

Ved slutningen af talen gjorde Amma det helt klart, at dette "universelle moderskab" var en egenskab, som alle mennesker skulle bestræbe sig på at udvikle, mænd såvel som kvinder.

"Moderskab er i sit inderste væsen ikke begrænset til kvinder som har født, det er en grundbestanddel af både mænd og kvinder; det er en sindets holdning. Det er kærlighed, og den kærlighed er selve livets åndedræt. Ingen kan sige: "Jeg vil kun ånde når jeg er sammen med min familie og mine venner. Når jeg er sammen med mine fjender, vil jeg holde vejret." Ligeledes vil det være for de mennesker i hvem moderskabet er vågnet: Kærlighed og medfølelse over for alle, vil hos dem være en lige så uadskillelig del af deres væsen, som at trække vejret .

Amma føler, at den kommende tids-alder bør bruges til at genopvække det universelle moderskab. Dette er den eneste måde, at realisere vor drøm om fred og harmoni for alle."

Da Amma sluttede sin tale, rejste forsamlin-gen sig spontant og klappede så det rungede.

Efter talen var slut, strømmede et stort antal deltagere hen til det store vidunder (på knapt halvanden meter), som kaldes Amma, for at se på hende, for at møde hende og få hendes dars-han. Alt imens folk andetsteds kæmpede for at få et eksemplar af hendes tale.

Under hele dette virvar kom Bawa Jain og bad Amma om, at medvirke ved en fotografe-ring sammen med andre delegerede. Folk fulgte Amma hvor hun gik og stod, som bier følger en bidronning. Bawa Jain måtte kæmpe for at nå igennem til Amma, i den summende bisværm af mennesker omkring hende. Til sidst henvendte han sig til dem, der stod tættest på hende og sagde: "Hør her! Det er også min mor! Jeg skal også ha' en chance!"

Amma forlod salen og gik udenfor, ledsaget af præsten Joan Cambell, Dr. Goodall, prinsessen fra Cambodia, Bawa Jain og Dena Merriam. På terrassen langs med salen ventede en af Konferencen for Fred og Harmoni's ledere, Dr. Saleha Mahmood Abedin fra Pakistan på Amma. Så snart Dr. Saleha fik øje på Amma gik hun, en muslimsk lærd og socialist, hen til Amma og hilste på hende. Amma omfavnede hende meget kærligt. Da Dr. Saloha stod med hovedet lænet mod Ammas skulder, sagde hun stille: "Det er sådan en velsignelse, at du er her sammen med os i dag."

Efter fotograferingen bad the Christian Broadcasting Corporation Amma om et interview.

Spørgsmål: "Amma modtager mennesker, der kommer til hende, med en omfavnelse. Kan dette "knus" hjælpe os til at få fred i sindet?"

Amma: "Det er ikke bare "et bette knus", men en omfavnelse som vækker et menneske spirituelt. Vores essens er kærlighed. Vi lever for at få og give kærlighed, ikke sandt? Hvor der er kærlighed, er der ingen konflikt, kun fred."

Spørgsmål: "Amma har tilhængere over hele verden. Tilbeder de dig alle sammen?"

Amma: "Det er Amma, der tilbeder *dem*, for Amma ser Gud i dem alle. Ammas Gud sidder ikke på en trone oppe over skyerne. Min Gud er jer alle, alt der eksisterer. Amma elsker enhver og alt værende, og de elsker mig lige så højt. Kærligheden flyder begge veje. I kærligheden er der ingen dualitet, kun enhed, ren kærlighed."

Ja, her er hemmeligheden ved det store vidunder, som drager hele verden til sig. Det er kærlighedens flod, fuld af nektar, med dens uophørlige, strømmen - det ubeskrivelige moderskabs strømmende kraft.

Swami Amritaswarupananda
Amritapuri, Kerala, Indien

Det Globale Fredsinitiativ ved kvindelige ledere fra religion og spiritualitet

Palais des Nations, Genève.
7. Oktober 2002

Denne pris er blevet indstiftet i det kærlige minde om to store personligheder – Mahatma Gandhi og præsten Martin Luther King. Ammas bøn ved denne lejlighed er, at alle dem, der beder og arbejder for freden over hele verden, vil få mere styrke og inspiration og at flere og flere mennesker vil arbejde for verdensfreden. Amma modtager denne pris på disse menneskers vegne. Ammas liv er blevet ofret til verden, og hun kræver ikke noget til sig selv.

– Amma

Takketale

Holdt ved overrækkelsen af
Gandhi-King prisen for ikke vold 2002

Amma bøjer sig for alle jer, som i sandhed er legemliggørelsen af den højeste bevidsthed og kærlighed.

Denne pris er blevet indstiftet i det kærlige minde om to store personligheder – Mahatma Gandhi og præsten Martin Luther King. Ammas bøn ved denne lejlighed er, at alle dem, der beder og arbejder for freden over hele verden, vil få mere styrke og inspiration og at flere og flere mennesker vil arbejde for verdensfreden. Amma modtager denne pris på disse menneskers vegne. Ammas liv er blevet ofret til verden, og hun kræver ikke noget til sig selv.

Både Mahatma Gandhi og Præsten Martin Luther King drømte om en verden, hvor mennesker bliver anerkendt og elsket som mennesker, uden fordomme af nogen art. Ved at mindes dem, giver Amma jer også sin vision om fremtiden.

Amma har også en drøm. Det er en vision om en verden hvor mænd og kvinder går fremad sammen, en verden hvor alle mænd respekterer

den kendsgerning, at kvinder og mænd er lige, som en fugls to vinger. For uden de to i fuldkommen balance, kan menneskeheden ikke gå fremad.

Dr. King var modig som en løve, og dog, i sit hjerte var han blød som en blomst. Han risikerede sit liv for kærlighedens, lighedens skyld og for de andre ædle idealer, han kæmpede for. Han måtte kæmpe med stor udholdenhed imod mennesker i sit eget land.

Og Mahatma Gandhi prædikede ikke bare. Han satte handling bag ordene. Han viede hele sit liv til fred og ikke-vold. Selvom Gandhi kunne være blevet statsminister eller Indiens præsident, afslog han, fordi han intet ønske havde overhovedet, om magt eller berømmelse. Og da klokken slog midnat, da Indien blev erklæret uafhængigt, fandt man Gandhi i færd med at trøste ofre fra et område, der var ramt af optøjer.

Det er let at vække nogen, der sover. Man skal bare ruske i den person en eller to gange. Men man kan ruske en person, der foregiver at sove, hundrede gange, og det har ingen virkning. De fleste mennesker hører til den sidstnævnte kategori. Det er på høje tid, at vi alle vågner. Hvis ikke mennesket undertrykker sine lavere, dyriske tendenser, vil vor vision om menneskehedens fremtid ikke gå i opfyldelse, og freden vil være en fjern drøm.

Lad os udvise det mod og den udholdenhed, der er skabt i vor spirituelle praksis, for at realisere denne drøm. For at det kan ske, må hver enkelt af os opdage og vise vore medfødte egenskaber, som tro, kærlighed, tålmodighed, og selvopofrelse, for alle vore medmenneskers skyld.

Det er, hvad Amma kalder sandt moderskab.

Hovedtalen

Det universelle moderskab skal vågne

Ved Sri Mata Amritanandamayi

Ammas tale ved Det Globale Fredsinitiativ af kvindelige ledere fra religion og spiritualitet, Palais des Nations, Genève, 7. oktober 2002.

Amma bøjer sig for alle jer, som i sandhed er legemliggørelsen af den højeste bevidsthed og kærlighed.

Kvinder og mænd er lige i Ammas øjne. Det er Ammas ønske ærligt at udtrykke sine synspunkter på netop dette emne. Disse betragtninger har ikke nødvendigvis noget at sige til alle mennesker, men dog nok til de fleste.

For tiden sover de fleste kvinder. Kvinder bliver nødt til at vågne op og stå frem! Det er et af de mest påtrængende behov i vor tidsalder. Og det er ikke kun kvinder i udviklingslandene, der skal vågne op - det bør ske for kvinder over hele verden. Kvinder i lande hvor materialisme er fremherskende, bør vågne op til spiritualitet.[1]

Og kvinder, i lande hvor man er tvunget til at holde sig inden for en religiøs traditions snævre mure, bør vågne op til en moderne måde at tænke på. Det har været almindeligt antaget, at uddannelse og materielle fremskridt ville få kvinder og de kulturer de lever i til at vågne op. Men med tiden har vi indset, at denne antagelse er for snæver. Kun når kvinder tilegner sig spiritualitetens evige visdom, samtidig med at de får en moderne uddannelse, vil deres indre kraft vågne — og de vil skride til handling.

Hvem skal vække kvinden? Hvad er det, der modarbejder hendes opvågnen? I sandhed, ingen ydre kraft kan overhovedet forhindre kvindens medfødte moderlighed - egenskaber som kær-

---

[1] Den spiritualitet, som Amma referer til her, handler ikke om at dyrke en Gud, der sidder et eller andet sted oppe over skyerne. Virkelig spiritualitet handler om, at kende sig selv og realisere den uendelige indre kraft. Spiritualiteten og livet er ikke to forskellige ting, de er èt. Sand spiritualitet lærer os at leve i verden. Den materialistiske videnskab viser os hvordan vi skal "air-conditionere" vores ydre verden, medens den spirituelle videnskab lærer os at "air-conditionere" den indre verden.

lighed, empati og tålmodighed - i at vågne. Det
er hende - og hende alene - der selv må vågne
op. En kvindes sind er den eneste barriere, som
forhindrer det i at ske.

Regler og overtro, som nedvurderer kvinder,
er stadig fremherskende i de fleste lande. Pri-
mitive skikke, som mænd i gamle dage opfandt
for at kunne undertrykke og udbytte kvinder,
eksisterer fremdeles i vor tid. Kvindesindet er
blevet omspundet af disse skikkes væv. Kvinden
har hypnotiseret sig selv, og nu må hun ved egen
hjælp vikle sig ud af dette magnetfelt. Det er
den eneste måde.

Et godt eksempel på dette er en elefant..
Den har i sin snabel styrke nok til, at rykke
træer op med rode. Men en elefant, der lever
i fangenskab, har siden den var lille hele tiden
stået bundet til et træ med et stærkt reb eller
en kæde. Eftersom elefanter af natur vil strejfe
omkring, prøver baby-elefanten instinktivt af
al magt at slide sig løs. Men den er ikke stærk
nok. Når den indser, at dens anstrengelser er til
ingen nytte, giver den op og holder op med at
kæmpe. Senere, når elefanten er fuldvoksen, kan
man binde den til et spinkelt træ med et tyndt
lille reb. Den kunne sagtens slide sig fri ved at

rykke træet op eller sprænge kæden. Men fordi dens sind er blevet indoktrineret af dens tidlige erfaringer, gør den ikke det ringeste forsøg på at komme fri.

Sådan går det også kvinder.

Det er samfundet der gør det umuligt for kvindelig styrke at komme i spil. Vi har skabt en hæmning som gør, at denne store, smukke styrke ikke kan udfolde sig.

Mænd og kvinder er født med samme grænseløse potentiale. Hvis kvinder virkelig ønsker det, vil det ikke være så svært at sprænge de lænker, som samfundet med dets regler og indoktrinering har pålagt dem. Kvinders største styrke ligger i deres medfødte moderlighed, i deres skabende, livgivende kraft. Og det er denne kraft, der kan hjælpe kvinder til at få langt mere betydningsfulde samfundsforandringer til at ske, end mænd nogensinde ville kunne.

Forældede, forkrøblende begreber arvet fra fortiden, hindrer kvinder i at nå spirituelle højder. Det er de spøgelser, som stadig jagter kvinder, skaber frygt i dem og tager deres selvtillid fra dem. Kvinder burde give slip på frygt og usikkerhed - det er intet andet end illusioner. De begrænsninger kvinder tror de har, eksisterer ikke.

Kvinder er nødt til at mobilisere deres styrke for at overvinde disse indbildte begrænsninger. De har allerede den styrke, den er lige her! Og når den styrke først er vakt til live, vil ingen kunne hindre kvinderne i at gøre sig gældende på alle livets områder.

Mænd tror som regel på muskelkraft. På et overfladisk plan ser de kvinder som deres mødre, koner, søstre. Men der er ingen grund til at tilsløre den kendsgerning, at mænd på et dybere plan stadig har ret så stor modstand når det gælder virkeligt at forstå, acceptere, og anerkende kvinder og livets kvindelige aspekt.

Amma husker en historie. I en landsby levede der en dybt spirituel kvinde, som fandt uendelig lykke i at tjene andre. De religiøse ledere i landsbyen valgte hende som en af deres præster. Hun var den første kvinde der blev udnævnt til præst i det område, og de mandlige præster syntes bestemt ikke om det. Landsbyens indbyggere værdsatte hendes store medfølelse, ydmyghed og visdom. Dette skabte stor misundelse blandt de mandlige præster.

En dag blev alle præster inviteret til et religiøst møde på en ø, tre timers sejlads borte. Da præsterne gik ombord i båden, opdagede de til deres mishag, at den kvindelige præst allerede sad der. De mumlede til hinanden: "Hjælp! Hun vil simpelthen ikke lade os være!" Båden sejlede. Men en time efter døde motoren pludselig og båden standsede. Kaptajnen udbrød, "Åh nej, vi sidder fast! Jeg har glemt at hælde benzin på tanken!" Ingen vidste hvad de skulle gøre. Der var ingen anden båd i sigte. Men så rejste den kvindelige præst sig og sagde: "Tag det roligt, brødre, jeg går efter mere benzin." Så trådte hun ud af båden og gik derfra på vandet. De mandlige præster så forundret til, men der gik ikke lang til før en sagde: "Se til hende! Hun kan ikke engang svømme!"

Dette er mænds holdning i al almindelighed. Det ligger i deres natur at nedvurdere og fordømme kvinders præstationer. Kvinder er ikke til pynt, ej heller bestemt til at blive styret af mænd. Mænd behandler kvinder som potteplanter og gør det dermed umuligt for dem at vokse op til fuld udfoldelse.

Kvinder blev ikke skabt til mænds fornøjelse. De blev ikke skabt som værtinder for te selskaber. Mænd bruger kvinder som de bruger båndoptagere. De kan lide at styre dem ligesom

de efter behag trykker på play - eller på pause-
knappen på båndoptageren.

Mænd anser sig for overlegne i forhold til
kvinder, både fysisk og intellektuelt. Denne ar-
rogante og ubegrundede holdning hos mænd - at
kvinder ikke kan overleve i samfundet uden at
have en mand at støtte sig til - skinner igennem
i alt hvad mænd gør.

Hvis man finder fejl i en kvindes karakter,
bliver hun, selvom hun er et uskyldigt offer, for-
kastet af samfundet og ofte endog af sin familie.
Til gengæld kan manden være lige så umoralsk
han har lyst til, og der bliver ikke krummet et
hår på hans hoved. Ham stiller man ikke spørgs-
målstegn ved.

Selv i materielt højtudviklede lande bliver
kvinder trængt i baggrunden, når det drejer
sig om at dele politisk magt med mænd. Det er
interessant at udviklingslandene, sammenlignet
med højtudviklede lande, er langt forud når det
gælder at skabe muligheder for at kvinder kan
gøre sig gældende i politik. Bortset fra nogle få,
som kan tælles på én hånd, hvor mange kvin-
der finder vi så på den verdenspolitiske arena?
Skyldes det kvinders udygtighed, eller skyldes
det mænds arrogance?

De rette omstændigheder og støtte fra om-
givelserne vil helt sikkert hjælpe kvinder til at
vågne op og komme i gang. Men det i sig selv er
ikke nok. De må også kunne lade sig inspirere
af disse omstændigheder og finde deres egen
indre styrke. Sand kraft og styrke kommer ikke
fra omgivelserne, det kommer indefra.

Kvinder må finde ind til deres mod. Mod
udspringer af sindet, det er ikke en egenskab
ved kroppen. Kvinder har kraft til at kæmpe
mod de samfundslove som forhindrer deres
fremskridt. Dette er Ammas egen erfaring. Skønt
meget er forandret, er Indien stadig et land
hvor mændene har overtaget. Selv i dag bliver
kvinder udnyttet i den religiøse konventions og
traditions navn. Men også i Indien er kvinder
ved at vågne op og begynde at handle. Indtil for
nylig var det ikke tilladt kvinder at betræde det
allerhelligste i et tempel. Kvinder kunne heller
ikke indvie eller udføre vediske ritualer. Kvinder
havde ikke engang ret til at recitere vediske
mantraer. Men Amma tilskynder og udnævner
kvinder til at udføre disse ritualer. Og det er
Amma som udfører indvielsesceremonierne i alle
de templer, der er opført af vor ashram. Der var
mange der protesterede mod at kvinder udførte

disse tjenester, fordi alle disse ceremonier og ritualer kun har været udført af mænd i mange generationer. Amma forklarede alle dem der stillede spørgsmål til hvad vi gjorde, at vi ærer én Gud som er hinsides alle forskelle, en Gud som ikke skelner mellem mand og kvinde. Det har senere vist sig, at størstedelen har støttet dette revolutionære skridt. Disse forbud mod kvinder har faktisk aldrig været en del af den tidligere hinduistiske tradition. De blev højst sandsynligt opfundet senere af folk, som tilhørte højere samfundsklasser, i den hensigt at udnytte og undertrykke kvinder. De eksisterede ikke i oldtidens Indien.

I oldtidens Indien var de sanskrit ord, som en ægtemand brugte når han tiltalte sin kone: *Pathni* - den der fører ægtemanden gennem livet, og *Dharmapathni* - den der fører sin mand på dharma"ens vej, (dharma = retsindethed og ansvarlighed), og Shahadharmachiarini - den der går dharmaens vej sammen med sin ægtemand. Disse ord indikerer, at kvinder nød samme status som mænd, eller måske endog en endnu højere. Ægteskabet var helligt, for hvis man lever det med den rette holdning og den rigtige forståelse, hvor mand og kone støtter hinanden, så vil man nå livets højeste mål - Selv-realisation eller Guds-realisation.

I Indien er det Højeste aldrig blevet dyrket udelukkende i mandlig form. Det Højeste bliver tillige dyrket som kvindeligt i dets mange aspekter, for eks. som Saraswati, visdommens og studiernes gudinde, som Laxmi, fremgangens og velstandens gudinde og som Sanatana Laxmi, den gudinde, som giver nyt liv i en kvinde. Eller dyrket som Durga, gudinden for styrke og kraft. Der var engang, hvor mænd ærede kvinder som jordiske udtryk for netop disse egenskaber. De blev anset for at være Gudindens redskaber, det synlige udtryk for hendes egenskaber her på jorden. Men på et eller andet senere tidspunkt blev denne dybe sandhed forvrænget og amputeret fra vor kultur af visse indflydelsesrige mænd, der med egoisme og magtbegær ville herske over alle. Og således gik det da til, at mennesker glemte eller ikke længere ville vide af denne dybe forbindelse mellem kvinden og Den Guddommelige Moder.

Det er en udbredt antagelse, at den religion der giver den laveste status til kvinder er Islam. Men Koranen taler om guddommelige kvaliteter som medfølelse og visdom, og om Guds Væsen som kvindeligt.

Inden for Kristendommen bliver det Højeste dyrket udelukkende som Fader, Søn og Helligånd. En erkendelse af Guds kvindelige aspekt er ikke særlig udbredt. Kristus anså kvinder og mænd som ligeværdige.

For at Jesus, Krishna og Buddha kunne fødes var en kvinde nødvendig. For at Gud kunne inkarnere, havde Gud brug for en kvinde, som gennemgik al graviditetens og fødselens smerte og trængsler. Det kunne en mand ikke. Og dog er der ingen der tager den uretfærdighed op det er, at kvinder bliver behersket af mænd. Ingen sand religion vil se ned på kvinder eller tale nedsættende om dem.

For dem der har realiseret Gud, er der ingen forskel mellem mandligt og kvindeligt. Det realiserede menneskes syn er ikke-dualt.

Så hvis der noget sted i verden eksisterer regler, som forhindrer kvinder i at nyde den frihed der tilkommer dem, regler som blokerer deres fremskridt i samfundet, så er de regler ikke Guds Bud, men de er fostret af mænds selviskhed.

Hvilket øje er det vigtigste, det venstre eller det højre? Begge er lige vigtige.

Sådan er det også med mænds og kvinders status i samfundet. Begge skal være sig deres enestående ansvar - eller dharma - bevidst. Mænd og kvinder bliver nødt til at støtte hinanden. Kun på den måde kan harmonien i verden bevares. Først når mandligt og kvindeligt bliver kræfter der komplementerer hinanden og bevæger sig fremad i samarbejde og gensidig respekt, vil fuldkommenheden nås.

I virkeligheden er manden en del af kvinden. Ethvert barn ligger først i sin moders mave, som en del af kvindens egen væren. Hvad fødselen angår, så er mandens eneste bidrag at give sin sæd. For ham er det blot et øjebliks lyst, for kvinden ni barske måneder. Det er kvinden der modtager, undfanger det nye liv og gør det til en del af sin egen væren. Hun skaber den mest gunstige atmosfære for at det nye liv kan vokse i hende, og føder så dette liv. Kvinder er først og fremmest mødre, skabere af liv. Der ligger en skjult længsel i alle mennesker efter at blive genindsvøbt i en moders betingelsesløse kærlighed. Det er en af de subtile grunde til at en mand føler sig tiltrukket af en kvinde - fordi en mand er født af en kvinde.

Ingen kan betvivle moderskabets realitet - at mænd er skabt af kvinder. Og dog vil de som nægter at komme ud af deres puppe af snæversyn aldrig blive i stand til at forstå. Man kan ikke forklare lys til den, der kun kender mørket.

Moderskabets lov er magtfuld og umådelig som universet. Med moderskabets kraft i sig kan en kvinde påvirke hele verden.

Er Gud mand eller kvinde? Svaret på det spørgsmål er at Gud er hverken mandlig eller kvindelig — Gud er "Det" . Men hvis du insisterer på at Gud må have et køn, så er Gud mere kvinde end mand, fordi det mandlige er indfoldet i det kvindelige.

Enhver som helst - mand eller kvinde - som er modig nok til at overskride de grænser, som sindet sætter, kan opnå denne tilstand af universelt moderskab. Den kærlighed som udstrømmer fra den i hvem det universelle moderskab er vakt, er en medfølelse som omfatter ikke blot ens egne børn, men alle mennesker, dyr og planter, sten og floder - en kærlighed som omfatter hele naturen, alle skabninger. Og helt sikkert, for en kvinde, i hvem det sande moderskab er vågnet, er alle væsener hendes egne børn. En sådan kærlighed, en sådan moderfølelse, er guddommelig kærlighed - og det er Gud.

Mere end halvdelen af verdens befolkning er kvinder. Det er et stort tab når man nægter kvinder friheden til at gøre fremskridt, og når man nægter dem den høje status der tilkommer dem i samfundet. Når man nægter kvinder den status, går samfundet glip af kvindernes positive medvirken.

Når man undergraver kvindernes position, bliver deres børn også svage. Således mister en hel generation sin styrke og vitalitet. Kun når kvinder bliver æret, som kvinder bør, kan vi skabe en verden af lys og bevidsthed.

Kvinder kan udføre alle opgaver akkurat ligeså godt som mænd - måske endda bedre. Kvinder har viljestyrke og kreativ energi nok til at udføre et hvilket som helst arbejde Det kan Amma sige ud fra sin egen erfaring. Hvilken slags handling det end drejer sig om, kan kvinder nå usædvanlige højder, og dette gælder specielt når vi taler om den spirituelle vej. Kvinder har den sindets renhed og den intellektuelle kapacitet der kræves, for at gå den vej til ende. Men de skulle kunne begynde deres handling - af hvilken art den end var - fra et positivt udgangspunkt.

Hvis begyndelsen er god, vil den midterste og den sidste fase også blive gode, når man bare har tålmodighed, tro og kærlighed. Men når kvinder så ofte kommer til kort i livet, skyldes det en forkert begyndelse, baseret på et mangelfuldt grundlag. Man kan ikke bare sige at kvinder burde have samme status i samfundet som mænd; problemet er at kvinder får en dårlig start i livet, på grund af dårlig indsigt og mangelfuld viden. Så det kvinder kæmper for, er altså at nå til enden uden at kunne nyde godt af den rigtige begyndelse.

Hvis vi vil lære at læse det romerske alfabet, må vi begynde med ABC, og ikke med XYZ. Og hvad er en kvindes ABC? Hvad er den inderste nerve i en kvindes væsen, hendes hele liv? Det er hendes medfødte egenskaber, de essentielle sider af hendes moderskab. Uanset hvilket arbejde en kvinde vælger, må hun ikke glemme de dyder, som Gud eller Naturen så rundhåndet har overøst hende med. En kvinde bør under udførelsen af alle sine handlinger forblive dybt rodfæstet i disse egenskabers jordbund. Ligesom ABC er begyndelsen af alfabetet, er moderskab den grundliggende egenskab hos en kvinde. Denne helt centrale del af sig selv må hun ikke give slip på, før hun går videre til højere niveauer.

Kvinder har mange former for styrke som man almindeligvis ikke finder hos en mand. En kvinde er i stand til at dele sig op i mange, og i modsætning til mænd er kvinder i stand til at gøre adskillige ting samtidig. Selvom hun må stykke sig selv ud og gøre mange ting samtidigt, så har kvinden den gave at kunne udføre alt med stor skønhed og fuldkommenhed. Også i rollen som moder er kvinden i stand til, at udvikle mange forskellige facetter af sit væsen - hun skal være varm og blid, stærk og beskyttende, og en streng opdrager. Dette sammenfald af egenskaber ser vi ikke så ofte hos mænd. Så kvinder har faktisk større ansvar end mænd. Det er kvinder der er garanter for at hæderlighed og sammenhold råder i familie og samfund.

En mands sind kan nemt identificere sig med hans tanker og handlinger. Mandlig energi kan sammenlignes med stillestående vand, den flyder ikke. En mands sind og intellekt klæber sædvanligvis til det arbejde han udfører. Det er vanskeligt for mænd mentalt at skifte fokus. Det er årsagen til at mange mænds professionelle og familiære liv bliver blandet sammen. De fleste mænd kan ikke holde de to ting adskilt. Det kan kvinder til gengæld, det er de født med. Det er en dybt indgroet tendens hos en mand, at tage sin professionelle persona med hjem og opføre sig i overensstemmelse med den i sit forhold til kone og børn. Mens de fleste kvinder er i stand til at holde familieliv og arbejdsliv adskilt.

Kvindelig energi eller kvindens energi er flydende som en flod. Det gør det let for en kvinde at være mor, kone, og en god ven som indgyder sin mand tillid. Hun har den særlige gave at kunne være vejleder og rådgiver for hele familien. Udearbejdende kvinder er mere end egnede til at klare den opgave også.

Den medfødte moderskabskraft i en kvinde hjælper hende til, at finde en dyb følelse af fred og harmoni i sig selv. Dette sætter hende i stand til at tænke over tingene og handle på samme tid, mens manden har en tendens til at reflektere mindre og handle mere. En kvinde kan lytte til andre menneskers bekymringer og reagere med medfølelse, og dog kan hun, når hun stilles overfor en udfordring, være ligeså stærk og handlekraftig i situationen som nogen mand.

I verden af i dag bliver alting forurenet og gjort unaturligt. I et sådant miljø bør en kvinde

være særlig opmærksom på at hendes moderlig-
hed - kernen i hendes kvindelige væsen - ikke
forurenes og forkrøbles.

Der er en mand i enhver kvindes allerinder-
ste, og en kvinde i det allerinderste af enhver
mand. Denne sandhed dæmrede under medi-
tation for store helgener og mystikere allerede
for århundreder siden. Det er hvad begrebet
Ardhanariswara (halvt gud og halvt gudinde) i
den hinduistiske tro betyder. Hvad enten du er
kvinde eller mand, vil sand menneskelighed først
kunne vækkes i dig når der er ligevægt mellem
kvindelige og mandlige egenskaber.

Også mænd har lidt meget som følge af at det
kvindelige princips eksil fra verden. På grund af
undertrykkelsen af kvinder og neddæmpningen
af det kvindelige aspekt hos mænd, er mænds
liv blevet fragmenteret, ofte pinagtigt. Også
mænd skal blive sig deres kvindelige egenskaber
bevidst. De skal udvikle empati og forståelse i
deres holdning overfor kvinder, og i deres samspil
med verden.

Statistik viser at mænd - ikke kvinder - begår
langt de fleste forbrydelser og mord i denne ver-
den. Der er også en dyb sammenhæng mellem
den måde mænd ødelægger Moder Natur på og

deres holdning til kvinder. Vi må lade naturen få samme betydningsfulde plads i vore hjerter som vore egne biologiske mødre har.

Kun kærlighed, medfølelse og tålmodighed - kvinders fundamentale egenskaber - kan dæmpe mænds fundamentalt aggressive, overaktive tendenser. På tilsvarende måde er der kvinder der har brug for mænds egenskaber, for at deres gode og blide natur ikke skal lamme dem.

Kvinder er kraften bag og selve grundlaget for vores tilværelse i verden. Når kvinder mister kontakten med deres sande selv, ophører ligevægten i verden, og destruktion sætter ind. Det er derfor helt afgørende, at kvinder over hele verden gør alt hvad de kan for, at genopdage deres sande natur, for kun da kan vi redde denne verden.

Hvad verden af i dag virkelig trænger til, er samarbejde mellem mænd og kvinder, baseret på en dyb følelse af helhed i familie og samfund. Krige og konflikter, al mulig lidelse og mangel på fred i verden af i dag, vil helt sikkert blive dæmpet meget ned, hvis kvinder og mænd begynder at samarbejde og støtte hinanden. Med mindre harmonien mellem det mandlige og det kvindelige, mellem mand og kvinde, bliver genoprettet, vil freden fortsat ikke være andet end et fatamorgana.

Der er to typer sprog i verden: intellektets og hjertets. Det tørre, rationelle intellekt ynder at skændes og angribe. Aggression er dets natur, det er rent mandligt, blottet for kærlighed og sans for sammenhæng. Det siger, "Ikke alene har jeg ret og du uret, men jeg vil bevise det, koste hvad det koste vil, indtil du giver dig". De mennesker der taler det sprog har som kendetegn at de vil kontrollere andre og gøre dem til dukker som danser efter deres pibe. De prøver at påtvinge andre deres mening; deres hjerter er lukkede. De tager sjældent hensyn til andres følelser. Det eneste de har i hovedet er deres eget jeg og deres hule forestilling om sejr.

Hjertets sprog, kærlighedens sprog, som bunder i det kvindelige princip, er helt anderledes. De som taler det sprog, negligerer deres eget ego. De har ingen interesse i at bevise at de selv har ret, eller at alle andre har uret. De har dyb interesse for deres medmennesker, og ønsker at hjælpe, støtte og opløfte andre. I deres nærhed er transformation noget der simpelthen sker. De giver håb og lys til denne verden i en sådan grad, at man kan mærke det. Når sådanne men-

nesker taler, er det ikke for at prædike, for at gøre
indtryk eller for at argumentere – det er et ægte
møde hjerte med hjerte.

Sand kærlighed har intet at gøre med be-
gær eller selvoptagethed, det er ikke *dig* der er
den vigtigste, det er den anden. I kærlighed er
den anden ikke dit redskab til at opfylde dine
egoistiske behov, du er selv det guddommeliges
redskab til at gøre godt i denne verden. Kærlig-
hed ofrer ikke andre, kærlighed giver gladelig af
sit eget. Kærlighed er uselvisk - men ikke den
uselviskhed man påtvinger kvinder, når man
skubber dem til side og behandlet dem som ting.
I sand kærlighed føler man sig ikke værdiløs,
tværtimod, man åbner sig og bliver ét med alt -
alt-rummende, badet i lyksalighed.

Uheldigvis er det i verden af i dag intellektets
sprog, der er fremherskende og ikke hjertets
sprog. Øjne der ser med egoisme og begær - ikke
med kærlighed - dominerer verden. Mennesker
styret af fordomme påvirker mennesker med
svagere mental modstandskraft og udnytter dem
til deres eget formål. De Vises ældgamle lære-
sætninger vender og drejer man, for at få dem
passet ind i de snævre rammer, som sættes af
menneskers selviske begær. Begrebet kærlighed

er blevet forvrænget. Det er derfor verden er fuld af konflikter, vold og krig.

Kvinden er menneskeslægtens skaber. Hun er den første guru, menneskehedens første vejleder og rådgiver. Tænk på de mægtige kræfter, positive eller negative, som et menneske kan slippe løs på verden. Enhver af os har en vidtrækkende virkning på andre, hvad enten vi ved det eller ej. En moders ansvar m.h.t. at influere og inspirere sine børn kan ikke undervurderes. Der er megen sandhed i at sige, at der er en stærk kvinde bag enhver mand med succes. Hvor som helst man ser lykkelige, fredelige individer, ser børn med ædle egenskaber og gode tilbøjeligheder, mennesker med en umådelig styrke over for modgang og nederlag, mennesker som har et stort mål af forståelse, sympati, kærlighed og medfølelse med de lidende, og som giver sig selv til andre - så finder man som regel en dejlig moder som har inspireret dem til at blive hvad de er.

Mødre er dem der er bedst egnede til at så kærlighedens, det universelle broderskabs og tålmodighedens frø i det menneskelige sind. Der er et særligt bånd mellem moder og barn. Moderens indre egenskaber bliver givet videre til barnet gennem selve modermælken. Moderen forstår sit barns hjerte, udøser sin kærlighed over det, lærer det livets positive lære, og retter barnets fejl. Hvis man går gennem en mark med blødt grønt græs nogle få gange, så har man allerede lavet en sti. De gode tanker og positive værdier vi fremelsker i vore børn bliver hos dem for altid. Det er nemt at forme et barns karakter i en tidlig alder, og meget vanskeligt når barnet vokser til.

Engang, da Amma gav darshan i Indien, kom en ung mand op til hende. Han levede i den del af landet, der er plaget af terrorisme. På grund af de hyppige drab og plyndringer var menneskene i det område meget forpinte. Han fortalte Amma, at han var leder af en gruppe unge i det område og at de gjorde et stort socialt arbejde. Han bad til Amma: "Amma, jeg beder dig give de terrorister, som er så fulde af had og vold, den sande forståelse. Og for alle dem som har været vidne til så mange grusomheder og har lidt så meget, beder jeg dig om at fylde deres hjerte med tilgivelsens ånd. Ellers vil situationen blot forværres og der vil ikke være nogen ende på volden."

Amma var så glad for at høre hans bøn om fred og tilgivelse. Da Amma spurgte ham, hvad der havde fået ham til at vælge et liv med socialt arbejde, sagde han, "Min mor var inspirationen bag det. Mine barndoms dage var mørke og rædselsvækkende. Da jeg var seks år, så jeg med mine egne øjne hvorledes min fredselskende far blev brutalt myrdet af terrorister. Mit liv var knust. Jeg var fuld af had, og jeg tænkte kun på at få hævn. Men min mor ændrede min holdning. Når jeg sagde til hende, at jeg ville hævne min fars død en dag, sagde hun: "Søn, vil din far få livet tilbage hvis du dræber disse mennesker? Se på din bedstemor, hvor trist hun altid er. Se på mig, som har så svært ved at få det hele til at løbe rundt uden din far. Og se på dig selv, hvor ked af det du er, fordi du ikke har din far hos dig. Vil du at flere mødre og børn skal lide som vi gør? Smerten vil være lige så hård for dem. Prøv at tilgive din fars mordere for deres frygtelige handlinger, og spred budskabet om kærlighed og universelt broderskab i stedet for." Da jeg voksede op, prøvede folk at få mig til at slutte mig til flere terrorist sammenslutninger, for at hævne min fars død. Men de tilgivelsens frø, som min mor havde sået i mig, havde båret frugt og jeg nægtede. Jeg gav flere af de unge det samme råd som min mor havde givet mig. Dette forandrede mange menneskers hjerte, som siden har sluttet sig til mig for at tjene andre."

Den kærlighed og medfølelse, som denne dreng valgte at lade strømme ud i verden frem for had, stammede fra kærlighedens kildespring i hans moder.

Således påvirker en moder, gennem den indflydelse hun har på sit eget barn, hele verdens fremtid. En kvinde, i hvem det medfødte moderskab er vakt, bringer himlen ned på jorden hvor hun end er. Kun kvinder kan skabe en fredelig, lykkelig verden. Og således går det til, at den der rokker barnets vugge, er den samme som den der holder lampen så den kan lyse over verden.

Mænd burde aldrig hindre en kvinde i at nå frem til den position i samfundet, der tilkommer hende.. De må forstå, at kvinders fulde bidrag til verden er af afgørende betydning. Mænd skal tværtimod gå af vejen for hende, ja, de skal bane vejen for hende, for at gøre det lettere for hende at komme frem.

En kvinde skal til gengæld tænke på hvad hun kan give samfundet, frem for hvad hun kan tage til sig selv. Den holdning vil helt sikkert hjælpe hende til at gøre fremskridt. Det er værd at understrege, at en kvinde hverken har brug for at få noget forærende eller for at tage noget fra nogen. Det eneste hun skal er at vågne op. For så vil hun kunne give samfundet alt hvad hun ønsker at give det, og hun vil opnå alt hvad hun har brug for.

Hellere end at leve hele livet inden for køkkenets fire mure og ruste op dér, skal kvinder komme ud og dele med andre hvad de har at give og nå deres mål i livet. I dag, hvor konkurrence og vrede er normen overalt, er det kvinders tålmodighed og tolerance som skaber den harmoni der måtte findes i verden. Ligesom et komplet elektrisk kredsløb afhænger af tilstedeværelsen af både en positiv og en negativ pol, så er tilstedeværelsen af og bidraget fra både mænd og kvinder en forudsætning for, at livet kan strømme af al sin kraft. Kun når kvinder og mænd komplementerer og støtter hinanden, vil deres sjæls indre blomst folde sig ud.

I almindelighed lever vor tids kvinder i en verden skabt af og for mænd. Den verden har kvinder har ikke brug for; de skal finde deres egen identitet og således skabe samfundet påny. Men det er vigtigt, at de husker hvad den egentlige mening med frihed er. Det er ikke et kørekort til at leve og opføre sig som det nu passer én, uanset konsekvenserne for andre. Det betyder ikke, at kvinder og mødre skal løbe fra deres forpligtelser over for deres familie. En kvindes frihed og oprejsning skal begynde med hende selv. Og for at *shakti,* den rene kraft, kan vågne og stige op i en kvinde, skal hun først blive sig sine svagheder bevidst. Først da kan hun overvinde disse svagheder ved hjælp af sin viljestyrke, med uselvisk[2] arbejde, og spirituel praksis.

I kampen for at genvinde den position i samfundet som tilkommer dem, må kvinder aldrig miste kontakten til deres essentielle natur. Denne tendens finder vi i mange lande, og den vil aldrig hjælpe kvinder til sand frihed. Det er umuligt at opnå sand frihed ved at imitere mænd. Hvis kvinder selv vender ryggen til det kvindelige princip, så vil det ende med både kvindernes og samfundets totale fallit. Så vil verdens problemer ikke blive løst, men tværtimod forværres. Hvis kvinder forkaster deres kvindelige egenskaber og prøver at blive som mænd ved kun at

---

[2] selfless service: iflg. Hind. Filosofi det arbejde man udfører uden at forvente belønning til gengæld. Man giver det til Gud eller guruen.

fremelske mandlige egenskaber, vil verdens ubalance blive endnu større. Det er ikke hvad vor tidsalder har brug for. Hvad der virkelig er brug for er, at kvinder bidrager maksimalt til samfundet ved selv at udfolde deres indre universelle moderskab og samtidig udvikle deres maskuline egenskaber

Så længe kvinder ikke gør sig umage for at vågne op, er de på en måde selv ansvarlige for den snævre verden, de skaber for sig selv.

Jo mere en kvinde identificerer sig med sit indre moderskab, jo mere vækkes hun til denne *shakti*, den rene kraft. Når kvinder begynder at udfolde denne kraft i deres indre, vil verden begynde at lytte mere og mere til deres stemmer.

Mange agtværdige enkeltmennesker og organisationer som FN støtter kvinders fremskridt. Denne konference er for os en mulighed for at bygge på det grundlag. Tillad Amma at dele nogle få forslag med jer.

1. Religiøse ledere bør gøre deres yderste for at lede deres tilhængere tilbage til, hvad der er kernen i ægte spiritualitet, og i lyset heraf fordømme alle former for undertrykkelse og vold mod kvinder.

2. FN bør skride ind og skabe sikkerhedszoner for kvinder og børn i krigsområder og områder med religiøse stridigheder, hvor de er særligt udsatte.

3. Alle religioner og nationer bør fordømme så skændige skikke som drab på kvindelige fostre og nyfødte, og omskæring af kvinder.

4. Der bør nedlægges forbud mod børnearbejde.

5. Medgiftssystemet bør afskaffes.

6. FN og ledere af enhver nation bør intensivere deres bestræbelser for at standse handel med børn og seksuel udnyttelse af små piger. De lovmæssige konsekvenser af sådan adfærd bør have en effektivt afskrækkende virkning.

7. Det samlede antal voldtægter i verden er rystende stort. Og den kendsgerning at det i nogle lande er ofrene af voldtægten der bliver straffet, er ubegribeligt. Kan vi bare stå og se passivt til?

Der bør være fælles internationale bestræbelser på at opdrage unge mænd, med det formål at standse voldtægt og andre former for vold mod kvinder.

8. Kvinders værdighed krænkes af annoncer som behandler dem som sexobjekter. Vi bør ikke tolerere denne udnyttelse.

9. Religiøse ledere bør opfordre deres tilhængere til, at gøre uselvisk arbejde til en integreret del af deres liv.

Moderskab er i sit væsen ikke begrænset til at gælde kvinder, der har født. Det er et princip, som er dybt rodfæstet i både mænd og kvinder. Det er en holdning i sindet. Det er kærlighed - og den kærlighed er selve livets åndedrag. Ingen ville finde på at sige: "Jeg vil kun trække vejret, når jeg er sammen med familie og venner. Jeg vil ikke ånde, når mine fjender er til stede." På tilsvarende måde er kærlighed og medfølelse med alle, hos de mennesker hvis følelse af moderskab er vågnet, lige så meget del af hele deres væren, som det at trække vejret.

Amma føler, at den kommende tidsalder bør vies til at genopvække moderskabets helende kraft. Det er vor eneste chance for, at virkeliggøre vores drøm om fred og harmoni for alle. Og det er muligt! Det er helt op til os selv. Lad huske det og gå fremad.

Amma vil gerne takke alle dem, der har bidraget til at organisere dette topmøde. Amma ærer dybt jeres bestræbelser på at skabe fred i verden.

Måtte de freds-spirer vi planter her i dag bære frugt for alle mennesker.

Aum Namah Shivaya

www.ingramcontent.com/pod-product-compliance
Lightning Source LLC
Chambersburg PA
CBHW070633050426
42450CB00011B/3174

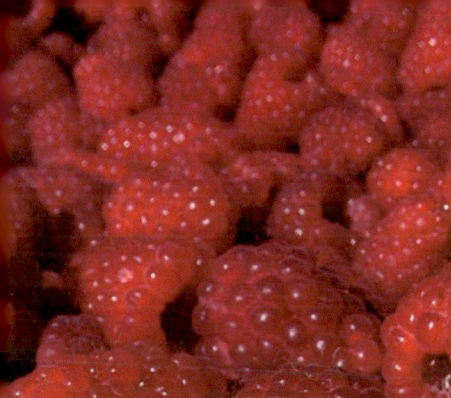

"Ni un solo grano del alimento que comemos proviene únicamente de nuestro propio esfuerzo. Lo que viene a nosotros en forma de alimento es el esfuerzo de nuestros hermanas y hermanos, la generosidad de la naturaleza y la compasión de Dios. Incluso si tenemos un millón de dólares todavía necesitamos comida para satisfacer nuestra hambre. Después de todo, no podemos comer dólares. De ese modo, no deberíamos tomar alimento alguno sin antes orar con un sentimiento de humildad y gratitud. Considera la comida como la Diosa Lakshmi (Diosa de la prosperidad) y recíbela con devoción y reverencia. El alimento es Brahman (el Absoluto). Tómalo como prasad de Dios (regalo bendito).

— Amma

ISBN 978-1-68037-661-6
90000
9 781680 376616

Ayurvedic
Nutrition
Spanish

25 #

Unidades